AF391042

Astrée

© Copyright éditions Astrée 2021 & Jean Arno
Astrée 71-75 Shelton Street
Covent Garden, London WC2H 9JQ
February 2021,
ISBN : 978-2-492513-17-6

© Couverture et photos : Canva.com : MJ & PJ

JEAN ARNO

TROPHIES

Poetic aphorisms

Translated by
JEAN ARNO & P. COGAVIN

Astrée

TO CHARLES & JEANNINE P.

TROPHIES

PROLOGUE

Just like these conquerors,
Superb and victorious,
Move through the haze
Of this immense darkness,
Defying mystical accents
Of enchanting sirens,
Heroic Poet,
Face storms with defiance,
The tumultuous waves!
O, mind so luminous,
Examine the world,
The depths so enormous!
Explore in the abyss
The diamonds sublime
Whose infinite shards,
By thought, are refined;
Search deep in the chasm,
Where gushes and flows
From the flamboyant mind,
Aflame vertigo,
Which a mysterious genius
perfectly resembles,
A sun in its splendour,
Which he patiently assembles,

And like a vile Hydra
Fatally yields
Beneath the unrelenting sword
That the untamed hero wields,
The Chimeras faint,
Greedy for darkness
Which is tirelessly sculpted
By the heavenly artist,
This invincible demiurge
Who hammers so terribly,
Pulling off the dark steel
Of the imagined trophies;
O, jewels of light,
With mystery glazed,
Will bloom out of voids
In powerful rays,
Unfathomable meadows
Of ineffable roses,
Scattering the skies with
What the future proposes,
As the ocean is governed
By the lighthouse beam,
So a destiny is conquered
By a clarity supreme.

Splendidly, they stand,
These heroes, bold and scarred,
They whose dreams defy
The best laid plans of gods.

—

She flies over worlds
Like a weightless bird,
And delights as she twirls
Over wishes unheard.

May my mind enrich,
With infinite light,
The deepest darkness
Of an eternal night.

I sculpt the clay,
Rebellious to my plans,
And sow seeds of light
On its ribs of bronze.

Resting in the embers,
These scintillating hopes
Rebuild amidst the fires
The dreams of char and smoke.

Trembling in my veins,
A lava so unstoppable,
Whose fires so untamed,
Fuel my visions so formidable.

An unstoppable force
Cuts through the wilderness,
Carving with its light
A world of indifference.

The profound poet
Fans mystery's flames higher
And holds in his heart
The prophetic fire.

Intensely they grow,
In waves of fire,
All the burning desires,
In a celestial glow.

Convention combines,
In the soul prophetical,
The spark of the mystical
And the genius divine.

☾

In the fires of my soul,
Sovereignly reigning,
Are superhuman visions,
A flash of fury's lightning.

☾

Magically waltzing,
Flakes of weightless light,
Embroidered with the fires
Of the Chimera's speckled skies.

☾

In the night, I have observed
The universal enigma,
A canvas where there flickers
The celestial spark.

In the raging sands,
They divinely dance,
The fleeting phantoms
Of my infinite visions.

By the fire of my mind,
A blaze that shows no pity,
I have conquered towers high
In great palaces and cities.

The sciences embrace,
In their solid steel rings,
The immense diversity
In which the universe sings.

Beauty sparkles, boundless,
In mystery and grace,
Woven into darkness
Where dazzling stars embrace.

I dance with the shadows,
Ignited by visions,
Adorning the twilight
Of divine beginnings.

J.A
AUTHOR

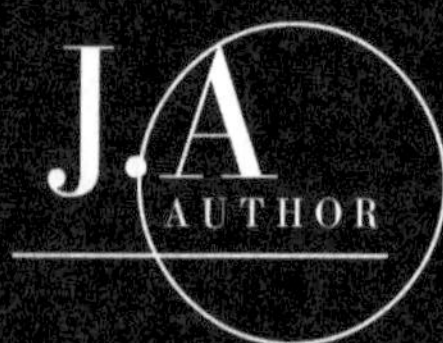

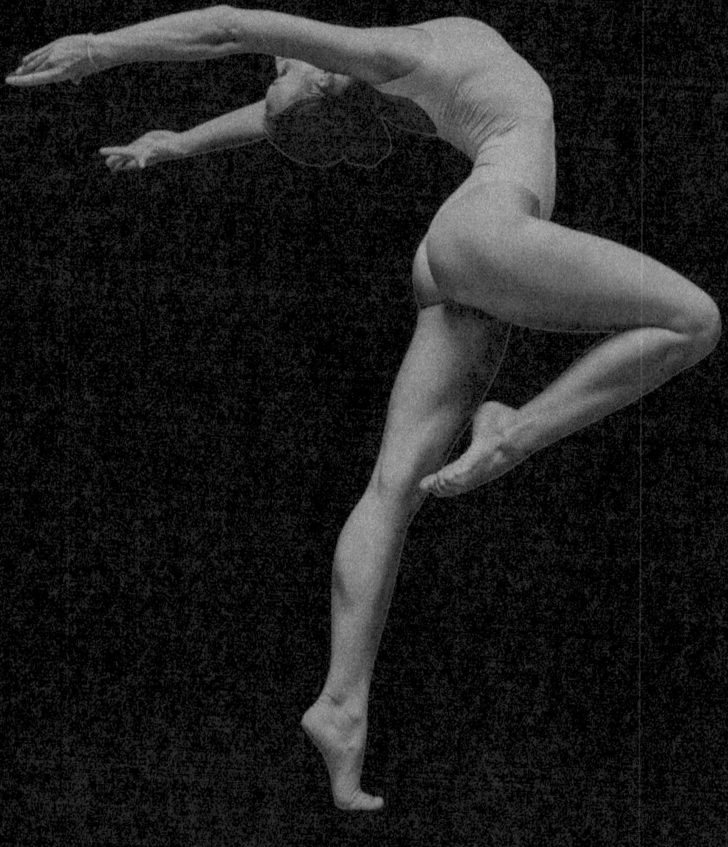

Like a powerful eagle
With patience and wisdom,
I reach the unexplored towers
Of faraway kingdoms.

In passionate movements
Like the revels of Bacchus,
A force of pure ecstasy
Comes to life before us.

All the solar spirits,
Whose fantasies divine,
Sculpt and shape the light,
Escape their fate in time.

The summits are our own
On these hills we choose to climb;
We are creators of the future;
We are the conquerors sublime!

In the embers of my heart,
You live buried 'neath the ashes,
Like a melody so great,
Full of charm and purest passions.

Morality loses
Of passions most barbarous
The deafening fires,
So mighty, so marvellous.

I look upon rules with disdain
And defy fate and destiny,
Like a mischievous falcon
Dancing on uncertainty.

I will go into the tempest
With infinity as armour,
Like a warrior so daring,
Destined only to conquer.

From ashes, once fallen,
The great Phoenix shall rise,
Out of fires rekindled
Where its dreams live on high.

❦

An infinity of dreams
Escapes my mind without a trace,
From which my great desire
Pursues the ideal face.

❦

In its circle of steel,
Engraved with the truth,
Reason holds captive
Creativity's force.

❦

Blazing, awesome dreams,
Reimagine in the dark
The terrifying monsters
We shelter in our hearts.

O, indefinable visions
Of a heart, heroic and pure !
O, inexhaustible fountain,
The source of all our future !

O, meteor divine,
Hang high amongst the heavens,
Which your plume plates in gold,
Your mysterious dreams and visions !

In every song of suffering,
There vigorously grows
The flawless star of the splendid heart,
Triumphant and composed.

With dreams of fire,
The poet enlightens
Minds that are governed
By godly ambitions.

I will pluck the star
From the guarded void
Whose fatal flashes
Reveal truths unspoiled.

—

Scouring in the depths
Of blackberry ways,
The obstinate seeker,
Drunk on truth, spends his days.

(

The walls of rich citadels
Shamefully glisten
With the blood and the sweat
Of wretched workers who built them.

(

Crowds sate their hunger,
Like hyenas seek revenge,
On the torments and the terror,
On the tears and blood of men.

(

In your gaze, there waltzes,
Like stars so bright and ardent,
Worlds, kissed by madness,
Exploding with excitement.

In a world of fatal norms,
Where morals weigh so heavily,
The bitterness of resentment
Imposes itself gravely.

I have slain the dark crows
Of human ignorance,
And carried the torches
Of great knowledge on high.

A music so impassioned
Within my heart, it seems,
Shapes the powerful Chimeras
Of my triumphant dreams.

Dance like these fools
With visionary dreams
And pour forth all the light
That within your heart beams.

Across turbulent waves,
I have crossed the river Styx
And come across the fairy
With eyes of sardonyx.

❦

In your heart, there sparkles,
With a love beyond compare,
Immortal torches burning,
Called by destiny's prayer.

❦

The powerful poet
Changes, through alchemy,
The perfumes of life
Into red symphonies.

❦

Imagination gilds in gold,
With its pearls of dawn,
The virginal horizons
Obscured by Reason.

I have broken through the future's
Hostile darkness of night,
Like the ancient oracles
With their eyes of beaming light.

In the sombre sands
Of the solitary dunes,
Our solar dreams alight
And sharpen as they move.

From countless worlds, I have embraced
The sweet, immortal roses,
Whose beauty has with pastels traced
Stars of destiny before us.

Her dancing pours forth
A rain of sparks in the night,
Whose cinders now kindle
Exquisite new delights.

On the wings of love.
I have soared with great power.
As fortresses stand strong
Before eminent towers.

—

In her eyes of sapphire,
Full of light and clarity,
Desires lose themselves
In avid immensity.

I speckle the high heavens
With hopes and dreams anew
The flames of which sculpt and reveal
Bright futures shining through.

And so go the prophets,
Whom vision sets ablaze,
To figure out the world's
Sublime, secret ways.

The mighty, soaring will,
With its sharp, tenacious talons,
Plucks from the world of matter
A sculpted form, imagined.

O, triumphant thought,
With clarity so vibrant,
Conquer from the darkness,
All the nameless diamonds!

In the fertile vapour
Of my rambling nights,
Demons carouse
In a deluge of light.

I invaded the world
With my sovereign songs,
Whose gossamer visions
Spin a web, light and strong.

Let the name fade away,
Provided that Reason,
Which reigns over the clouds,
Kneels before the vision.

My verses fulfil
The incomplete dream
Of a resplendent god
In a pure melody.

Immensely, it grows,
In the steel of my law,
The sovereign flame
Of my strength supreme.

On your golden lips,
Desire intensifies,
Ignited by stars,
Stolen from the skies.

I sculpted in the asphalt
Of a divine masterpiece,
Falling tears of basalt,
Adorned with destinies.

Powerfully there lives,
The thoughts so repressed,
In the thunderous chorus
Of a crowd long oppressed.

I will set alight the souls
With superhuman genius
Whose mighty embers forge
Destinies before us.

In the marble is etched,
By poets supreme,
The sublime figures
Of a dazzling dream.

Like a powerful falcon
Rules the clouds above,
So my mind reigns over
The sphere of thought.

On oceans vast,
I have drifted boldly,
Like conquerors of old
Embraced by mystery.

J.A
AUTHOR

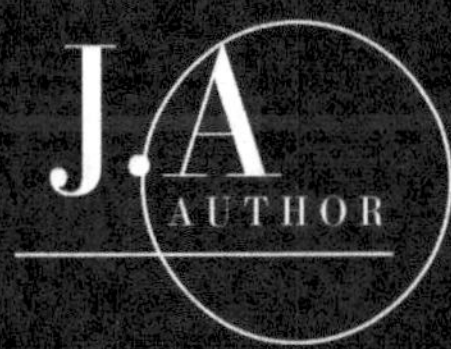

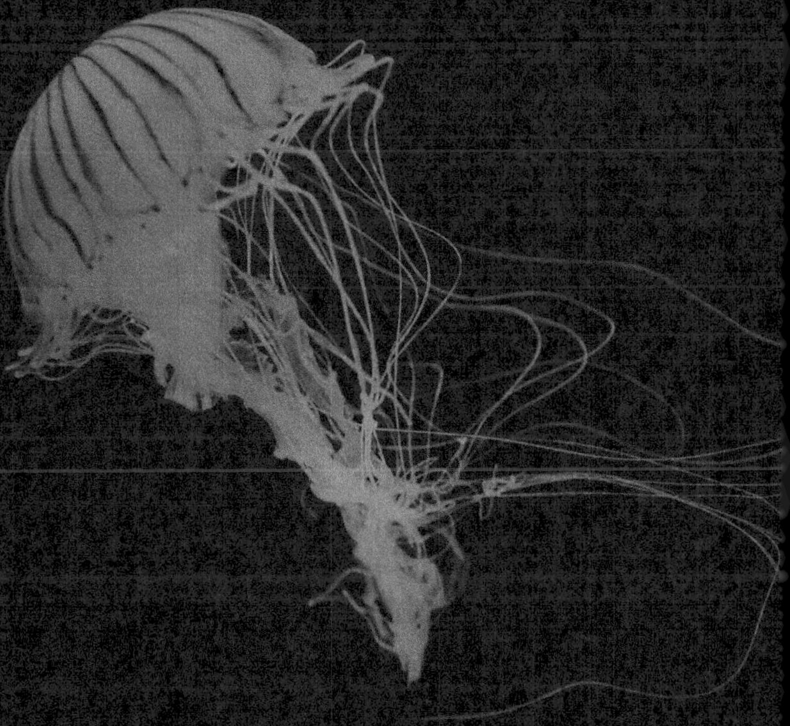

Intensely, they shine,
In the most fertile of minds,
These invincible rays
That darkness can't tame.

Into the dark abyss,
Heroic thought takes flight,
Sculpting the precious trophy
With immense bolts of light.

Reason bows on bended knee,
So powerfully controlled
By the divine and steadfast beam
Of truth, sublime and bold.

Let my spirit defy,
With lion supremacy,
The invincible ramparts
Of your hegemony.

Your heartless sentinels
Vainly hold back
Immortal ideas
As they irresistibly attack.

Seek out, like a hero
Never destined to fail,
The triumphant light
Of a symbolic grail.

Souls often mistake,
In the midst of their fire,
Some sordid desire
With the will of a god.

With elegant diamonds,
Sparkle, in wonder,
The incomplete heavens
That thoughts boldly plunder.

Your beauty bathes
With your soul of gold
In the flames you forge
From celestial coals.

(

Hold in your soul,
Of a world, effervescent,
The ashes that kindle
Your dreams, incandescent.

(

Symbolically, they dance,
These nonsensical worlds
Where, in immense frescoes,
Thought detaches and unfurls.

(

On your canvas, curved,
Of the vastness of night,
Polish with purpose
Your sun's exiled light.

The will may tame
Rebellious desires
Of powerful ardour
That passion rules over.

So stands War,
Ironclad with saffron embers,
Upon the countless graves
Of bloodied souls surrendered.

In golden cascades
Encrusted with diamonds,
My visions unravel
Into cosmic horizons.

Sovereign of the world,
Who with his creative mind,
Can change the destiny
Of the fated star that shines.

I stole from the heavens
The sacred spark
And lit a fire of thoughts,
Divine in the dark.

—

Free is the will,
Sovereign and great,
Whose lightning controls
The palaces of fate.

☾

I have left in my lines,
As well as in runes,
The encrypted messages
Of my Orphean visions.

☾

In the sacred cave,
Where the dragon watches over,
The golden fleece gleams
For destined conquerors.

☾

Aol clpsz vm tfzalyf
Surwhfw wkh oljkw
Tk xzuwjrj ymtzlmyx fsi ywzymx,
Mnbcrwnm oxa cqn lqxbnw onf.

The serpent of thoughts
Stubbornly clothes
The indifferent world
With chimeras of gold.

From your furious furnace
A marble statue comes forth.
An ebullition of sumptuous
Visions is forged.

Her cast-iron chest,
With its frenzy of curves,
Beats with desires,
The hysterical urge.

My sovereign lyre
Has drowned out the song
Of the terrible sirens,
Sublime and so strong.

In each reason of ours,
Murmur mysteriously
Our darkest desires
So eloquently.

☾

His gaze delved deeply
Into worlds beyond reckoning,
Adorned by a soul with
Indomitable lightning.

☾

Echoes resounding
With my profound visions
Will join in your chorus
With fruitful ambitions.

☾

All my love aspires
To these supreme visions
That, with porphyry bars,
A wary world imprisons.

Like mercenaries
Freed from their masters,
Follow the ideal light
Of your shining star forever.

In the heavens, out of reach,
Stands proud and supreme
The irresistible sparkle
Of a dazzling dream.

The audacious thinker
Tenaciously pursues
Hazy ghosts
And fleeting truths.

Take to the skies
These thoughts sublime,
Emeralds selected
From the dreams of your mind.

In our nights, there shines,
Like a jewel blazing,
The flamboyant light
Of a new sun rising.

—

In our nights, there shines,
Like a jewel blazing,
The flamboyant light
Of a new sun rising.

EPILOGUE

O, immortal thoughts
In sparkling armour wrought,
O, fire-tempered visions
That rise up to the heavens,
Superb and audacious,
Solar and tenacious,
That clash with the gods
In flashing beams and rods;
Like an eagle soars in glory,
Ravenous for victory,
Lusting after lofty peaks
Of palaces beneath,
That every kingdom craves,
Made of multicoloured staves,
Worlds perceived in but a glance
With shades that colour and enhancee,
Splendid stars of my soul!
May your rays of light control,
O, sovereign beacons!
The future of humans
Which your dreams arouse,
The gold-plated powers,
These creative desires
With hearts set afire,

Ablaze from the heavens'
Vertiginous impressions,
These remains buried deeply
O, fragments of infinity!
These prodigious forces,
Burning ardently towards us,
This superhuman love
For the fates above,
Embraces highest clarity
And sculpts the luminosity
In these temples of gold
Where Beauty is enthroned.

JEAN ARNO

LES TROPHÉES

Aphorismes poétiques

Astrée

PROLOGUE

Comme ces conquérants,
Superbes, triomphants,
Dans les brumes s'avancent
Des ténèbres immenses,
Des sirènes défiant
Les mystiques accents,
Héroïque Poète,
Affronte des tempêtes
Les flots tumultueux !
Ô esprit lumineux,
Examine du monde
L'immensité profonde !
Explore des abîmes
Les diamants sublimes
Dont la pensée polit
Les éclats infinis !
Sonde ces précipices,
Où puissamment jaillissent.
De l'esprit flamboyant
Les vertiges brûlants,
Qu'un étrange génie,
Dans la forme accomplie
D'un soleil éclatant,
Assemble patiemment !

Et comme une hydre immonde,
Fatalement succombe,
Sous l'implacable trait
D'un héros indompté,
Défaillent les Chimères,
Avides de ténèbres,
Que courbe obstinément
Le divin artisan,
Ce démiurge invincible,
Dont le marteau terrible
Arrache au sombre acier
Les trophées médités,
Ces joyaux de lumière,
Emaillés de mystères,
Dont les rayons puissants
Fleuriront des néants
Les contrées insondables
De roses ineffables,
Et répandront aux cieux
Des avenirs radieux,
Comme un phare illumine
L'océan qu'il domine,
Les suprêmes clartés
D'un destin surmonté.

Superbement se dressent
Ces héros audacieux,
Dont les rêves contestent
Les visions d'un Dieu.

—

Tu voles sur les mondes,
Comme un oiseau léger,
Et ravis, dans tes rondes,
Les vœux inexaucés.

*

Que mon esprit féconde,
D'un rayon infini,
Les ténèbres profondes
D'une éternelle Nuit.

*

Je sculpte la matière,
Rebelle à mes desseins,
Et sème de lumière
Ses nervures d'airain.

*

Dans la cendre reposent
Les espoirs exaltés,
Dont les feux recomposent
Les rêves calcinés.

Dans mes veines tremblait
Une lave indomptable,
Dont le feu nourrissait
Mes visions formidables.

Un invincible élan
Traverse la matière,
Gravant de ses lumières
Le monde indifférent.

Le poète profond,
Qu'attise le mystère,
Amasse sur son front
Des foudres visionnaires.

Croissent intensément,
En des vagues de feu,
Tous les désirs ardents,
Constellés de cieux.

La convention étreint,
Dans l'âme prophétique,
L'étincelle mystique,
Et le génie divin.

●

Dans mon âme de feu,
Souverainement règnent
Des visions surhumaines
Les éclairs furieux.

●

Magiquement valsaient
Des flocons de lumière,
Dont les feux constellaient
Les cieux de Chimère.

●

J'ai de la Nuit scruté
L'énigme universelle,
Toile où resplendissait
La divine étincelle.

Dans les sables furieux,
Merveilleusement dansent
Les spectres vaporeux
De mes visions immenses.

Au feu de mon esprit,
Eclair impitoyable,
J'ai des palais conquis
Les tours insaisissables.

Les sciences étreignent,
Dans leurs anneaux d'acier,
L'immense variété,
Dont l'univers s'imprègne.

Resplendit la Beauté,
Aux grâces mystérieuses,
Tressée d'obscurité
Et d'étoiles radieuses.

Je danse avec les ombres,
Enflammé de visions,
Fleurissant la pénombre
De divins embryons.

—

Comme un aigle puissant,
Je scrute patiemment,
Des lointaines contrées
Les tours inexplorées.

(

Dans les transports ardents
Des ivresses bachiques
S'incarnent, puissamment,
Les forces extatiques.

(

Se soustraient aux destins
Tous les esprits solaires,
Dont les songes divins
Façonnent la lumière.

(

C'est à nos propres cimes,
Qu'il nous faut parvenir,
Ô conquérants sublimes,
Créateurs d'avenirs !

Dans la cendre du cœur,
Tu demeurais enfouie,
Comme une mélodie,
Aux charmes supérieurs.

Les morales égarent
Des passions barbares
Les feux étourdissants,
Merveilleux et puissants.

J'ai dédaigné les règles,
Et défié les destins,
Comme un faucon espiègle
Danse sur l'incertain.

J'irai dans la tempête,
Embrasé d'infini,
Comme un guerrier hardi,
Destiné aux conquêtes.

En cendres effondré,
Le grand phénix s'élève,
De feu régénéré,
Aux sommets de ses rêves.

❧

De mon esprit s'exhalent
Des rêves infinis,
Dont mon désir poursuit
La figure idéale.

❧

Dans son cercle d'acier,
Tressé de vérités,
La raison tient captive
La force créative.

❧

Les rêves flamboyants
Autrement ressuscitent
Les monstres terrifiants
Que notre cœur abrite.

Cœur héroïque et pur,
Aux visions ineffables,
Fontaine intarissable,
Où puisent les Futurs.

☾

Ô divin météore,
Accroche dans les cieux,
Que ton panache dore,
Tes songes mystérieux !

☾

Dans un chant de douleur,
Croît vigoureusement
L'astre accompli du cœur,
Superbe et triomphant.

☾

Le poète illumine,
De ses rêves de feux,
Les esprits que dominent
Les ambitions d'un Dieu.

Aux gouffres défendus,
J'arracherai l'étoile,
Dont les lueurs fatales
Perceront l'inconnu.

—

Sur des sentiers de ronces,
Profondément s'enfonce
Le chercheur obstiné,
Ivre de Vérité.

☾

Des riches citadelles,
Honteusement ruissellent
Des mornes travailleurs
Le sang et la sueur.

☾

Les foules se repaissent,
Hyènes vengeresses,
Des terribles tourments,
De larmes, et de sang.

☾

Dans tes prunelles valsent
Des opales de feu,
Mondes mystérieux
Que la folie embrasse.

Dans la norme fatale
Des pesantes morales,
S'impose gravement,
L'âpre Ressentiment.

J'ai vaincu les corbeaux
De l'humaine ignorance,
Et porté les flambeaux
Des hautes connaissances.

Une musique ardente
Façonne, dans mon cœur,
De mes rêves vainqueurs
Les chimères puissantes.

Dansez, comme ces fous,
Aux songes visionnaires,
Et dardez les lumières
Que vous portez en vous.

J'ai traversé du Styx
Les vagues tourmentées,
Et rencontré la fée
Aux yeux de Sardonyx.

❦

Dans vos cœurs étincellent
D'un amour surhumain
Les torches immortelles,
Qu'appellent les destins.

❦

Le poëte puissant
Change alchimiquement
Les parfums de la vie
En rouges symphonies.

❦

L'Imagination dore
De ses perles d'aurore
Les vierges horizons
Qu'obscurcit la Raison.

J'ai du futur percé
Les ténèbres hostiles,
Pareil à ces Sibylles,
Aux fronts illuminés.

*

Dans les sables austères
Des dunes solitaires,
S'aiguisent les lumières
De nos rêves solaires.

*

J'ai des mondes étreint
Les roses immortelles,
Dont les beautés pastellent
Les astres des destins.

*

Sa danse projetait
Une pluie d'étincelles,
Dont la braise attisait
Des ivresses nouvelles.

Sur les ailes d'Amour,
J'ai volé puissamment,
Des Bastilles bravant
Les éminentes tours.

J.A
AUTEUR

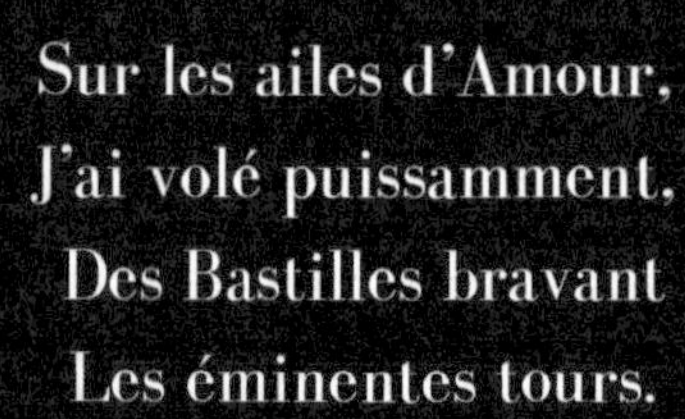

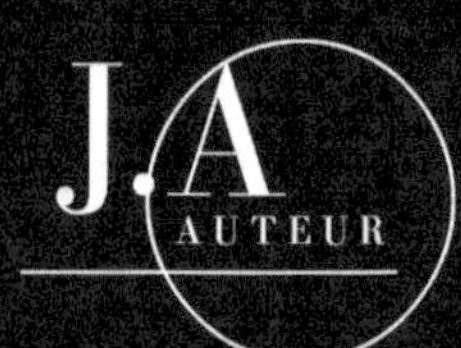

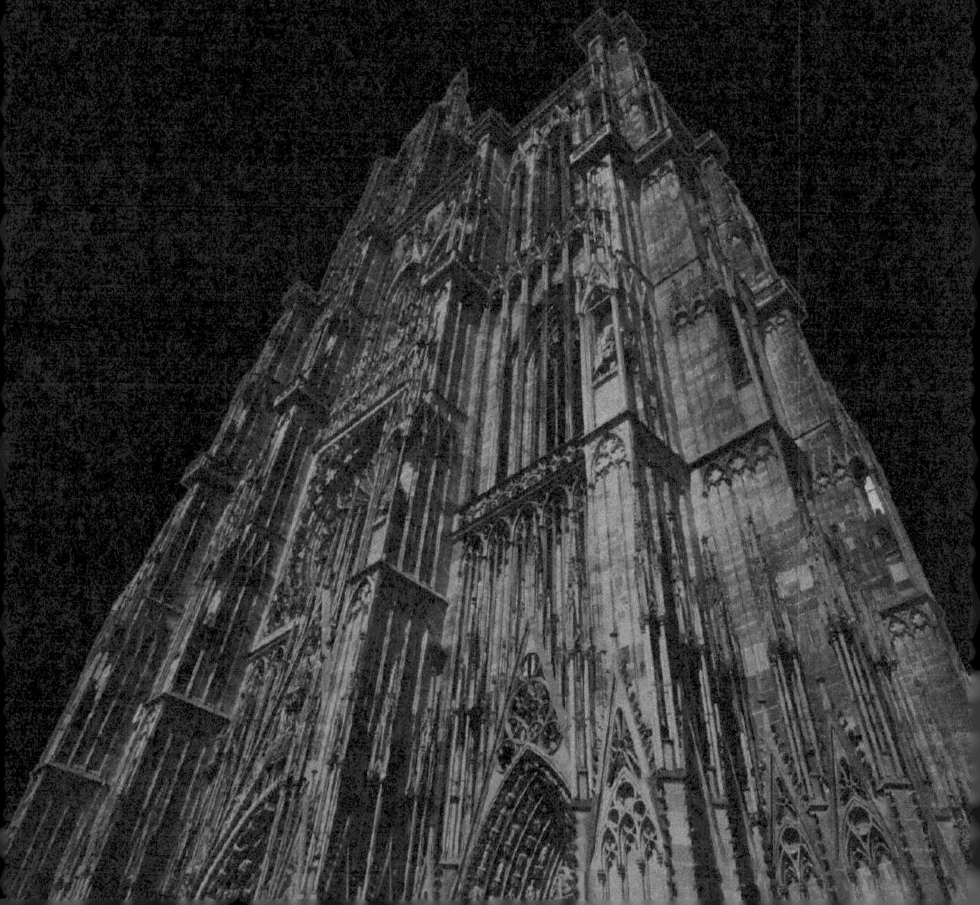

Dans ses yeux de saphir,
Lumineux et limpides,
S'égaraient les désirs,
D'immensité avides.

❦

J'émaille les cieux
D'espérances nouvelles,
Dont les flammes cisèlent
Les avenirs radieux.

❦

Ainsi vont les voyants,
Que la vision enflamme,
Des mondes devinant
Les sublimes arcanes.

❦

La volonté altière
D'une griffe obstinée
Arrache à la matière
La figure rêvée.

Ô pensée triomphante,
Dont la clarté vibrante
Des ténèbres conquiert
Les joyaux innommés.

Dans les vapeurs fécondes
De mes divagations
S'ébattent les Démons,
Que la Lumière inonde.

J'ai investi les mondes
De mes chants souverains,
Dont les visions fécondent
Les plis arachnéens.

Que s'éteigne le nom,
Pourvu qu'à la vision
S'astreigne la pensée,
Qui régit les nuées.

Dans mes vers s'exauçait,
Mélodieusement,
D'un dieu resplendissant,
Le rêve inachevé.

　　　◗

Immensément s'accroît,
Dans l'acier de ma loi,
De mes forces suprêmes
La flamme souveraine.

　　　◗

Sur tes lèvres dorées,
D'étoiles enivrées,
S'excédaient les pensées,
Aux cieux dérobées.

　　　◗

J'ai sculpté dans l'asphalte
D'un monument divin
Les larmes de basalte,
Constellées des Destins.

S'incarnent puissamment,
Dans les foudres du chant,
Des foules opprimées
Les pensées réprimées.

☾

J'embraserai les âmes
Du Génie surhumain,
Dont les puissantes flammes
Forgeront les destins.

☾

Dans le marbre s'impriment
Des poètes puissants
Les figures sublimes
D'un rêve étincelant.

☾

Comme un puissant faucon
Domine les nuées,
Mes pensées régiront
La sphère des idées.

Sur les océans vastes,
J'ai vogué hardiment,
Comme ces conquérants
Que le mystère embrase.

—

Intensément s'allume,
Dans les esprits féconds,
L'invincible rayon,
Dont se défie la brume.

(

Dans les gouffres s'élance
L'héroïque pensée,
Dont les foudres immenses
Façonnent le trophée.

(

S'incline la Raison,
Que puissamment domine
Des Vérités sublimes
L'invincible rayon.

(

Que mon esprit défie,
Comme un puissant jaguar,
De ton hégémonie
L'invincible rempart !

Vos noires sentinelles
Répriment vainement
Des idées immortelles
L'irrésistible élan.

Comme un héros, poursuis,
Intrépide et hardi,
D'un symbolique Graal
Le rayon idéal !

Se méprennent les âmes,
Qui sentent, dans les feux
De leurs désirs infâmes,
Les volontés d'un dieu.

De diamants polis
Magiquement s'émaillent
Les cieux inaccomplis,
Que les pensées assaillent.

S'irise ta Beauté
De ton âme dorée,
Dans les flammes forgée
Des célestes foyers.

❆

Retiens dans ton âme
D'un monde bouillonnant
Les cendres dont s'enflamment
Tes rêves flamboyants !

❆

Symboliquement dansent
Des mondes insensés,
Dans ces fresques immenses,
Où la pensée s'abstrait.

❆

Sur la toile courbé
De ton immense Nuit,
Obstinément polis
Ton soleil exilé !

Dompte la volonté
Des puissances ardentes
Les élans révoltés,
Que les Passions régentent.

Se dresse immensément,
Sur les charniers sanglants,
La Guerre cuirassée
De visions tourmentées.

En cascades dorées,
De diamants émaillées,
S'effilent mes visions,
Constellées de rayons.

Des mondes souverain
Dont l'esprit démiurgique
Convertit en destin
L'étoile fatidique.

J'ai dérobé aux cieux
L'étincelle sacrée,
Et allumé un feu,
Divin en la pensée.

—

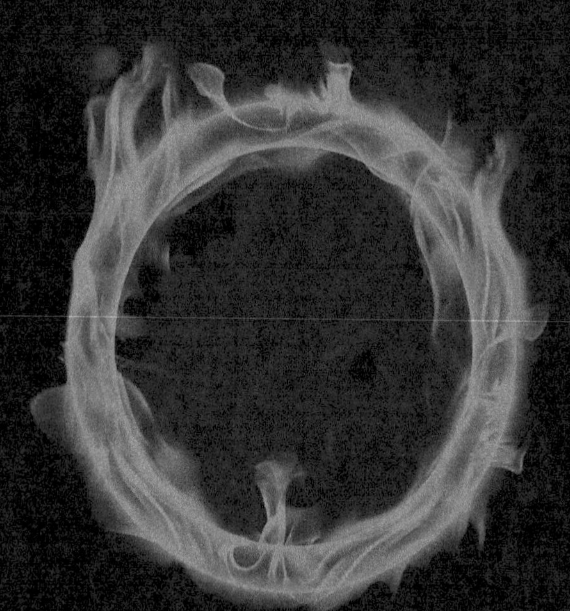

Libre est la Volonté,
Puissante et souveraine,
Dont les foudres s'aliènent
Du destin les palais.

☾

J'ai dans mes vers laissé,
Ainsi qu'en des reliques,
Les messages cryptés,
De mes visions orphiques.

☾

Dans la grotte sacrée,
Que défend le dragon,
Resplendit la toison,
Aux conquérants vouée.

☾

Slz cvpslz kb tfzalyl
Surwhjhqw od oxplhuh
Ijx xzuwjrjx ujsxjjx,
Jdg nudb mnbcrwnn.

Le serpent des pensées
Revêt obstinément
L'espace indifférent
De chimères dorées.

Dans tes forges furieuses,
S'érige puissamment
Un palais bouillonnant
De visions somptueuses.

Sa poitrine d'airain,
Aux courbes frénétiques,
Exaltait des désirs
Les frissons hystériques.

Ma lyre souveraine
A dominé les chants,
Sublimes et puissants,
Des terribles sirènes.

Dans nos raisons murmurent,
Mystérieusement,
Les discours éloquents
De nos passions obscures.

(

Son regard se creusait
De mondes insondables,
Qu'une âme constellait
De foudres indomptables.

(

L'écho retentissant
De mes visions profondes
Etoffera vos chants,
Aux ambitions fécondes.

(

Tout mon amour aspire
A ces visions suprêmes,
Que les mondes enferment
Dans leurs flancs de porphyre.

Comme ces Mercenaires,
De seigneurs affranchis,
De ton astre poursuis
L'idéale lumière !

Aux cieux inaccessibles
Oppose fièrement
L'éclat irrésistible
D'un rêve éblouissant.

Le penseur audacieux
Obstinément pourchasse
Des Vérités fugaces
Les fantômes brumeux.

Emporte dans les nues
Ces sublimes pensées,
Emeraudes élues,
Que l'esprit a rêvées.

Dans la Nuit étincellent,
Comme une aube nouvelle,
De mes rêves puissants
Les rayons flamboyants.

—

EPILOGUE

Ô Pensées immortelles !
Cuirassées d'étincelles,
Ô visions de feu
Qui montez vers les cieux,
Superbes, téméraires,
Indomptables, solaires !
Qui disputez aux dieux
Les éclairs radieux,
Comme un aigle splendide,
De conquêtes avide,
Convoite des sommets
Les superbes palais,
Qui briguez les royaumes
Aux marbres polychromes,
Mondes entr'aperçus,
Colorés d'inconnus,
Etoiles de mon âme
Que vos rayons enflamment,
Ô flambeaux souverains,
Les avenirs humains !
Que vos rêves éveillent
Les puissances vermeilles,
Ces élans créateurs,
Dont s'embrasent les cœurs,

Enflammés des vertiges
Dont les cieux s'affligent,
Ces vestiges enfouis,
Ô fragments d'infinis !
Ces forces prodigieuses,
Ardentes et radieuses,
Cet amour surhumain,
Qui des Destins étreint
Les clartés altières,
Et sculpte les lumières,
Dans ces temples dorés,
Où trône la Beauté.

TABLE OF CONTENTS

Astrée

www.ingramcontent.com/pod-product-compliance
Lightning Source LLC
LaVergne TN
LVHW010254210726
843508LV00020B/2254